DIALOGUE

ENTRE UN BOURGEOIS

ET UN COMMUNISTE ICARIEN.

DIALOGUE

ENTRE

UN BOURGEOIS

ET

UN COMMUNISTE ICARIEN.

PÉRIGUEUX,

IMPRIMERIE FAURE ET RASTOUIL,

RUE LIMOGEANNE, 22.

—

1848.

AVANT-PROPOS.

————∞————

Aux Communistes.

————

Frères,

Le discours prononcé au banquet d'*Autun* a, vous le savez, fourni à M. de Lamartine l'occasion de lancer une *violente diatribe* contre les communistes.

Vous rappellerons-nous que M. de Lamartine qualifiait jadis LA COMMUNAUTÉ DE BEAU RÊVE TENTÉ MAIS EN VAIN PAR LE CHRISTIANISME ET LA PHILANTHROPHIE, et qu'il attestait que les maux sous le poids desquels gémit l'humanité ne pouvaient finir que par le soCIALISME? Ce sont choses connues de tous.

Un journal de notre localité, l'*Écho de Vésone*, en reproduisant l'écrit de M. de Lamartine, le fit suivre de réflexions plus que désobligeantes pour nous.

Dans l'intérêt de la cause commune, nous crûmes devoir, dans une lettre adressée au journal, faire *l'exposition* de notre doctrine et *protester* contre le reproche d'immoralité dont on cherchait à l'entacher.

Les nouvelles réflexions du journaliste nous prouvèrent plus que surabondamment qu'il obéissait à *un parti pris*, et que, de sa part, nous n'avions à attendre ni *justice* ni *impartialité*; car, au lieu de la *discussion sérieuse* qu'il nous avait promise, il se bornait à des *déclamations* et à des *railleries*.

Le petit écrit que nous publions a pour objet de démontrer que, s'il nous a paru utile de cesser avec l'*Écho de Vésone* une polémique à laquelle on refusait ce caractère de *gravité* et de *grandeur* que nous voulions lui imprimer, nous ne manquions pas de bonnes raisons pour combattre notre adversaire.

C'est à vous, Frères, que nous dédions notre écrit. Convaincus que vous nous saurez gré de nos intentions, nous sommes rassurés sur le sort de *notre œuvre collective*, dont nous abandonnons le mérite littéraire à la critique de nos ennemis.

DIALOGUE.

UN BOURGEOIS, UN COMMUNISTE.

LE BOURGEOIS.

Je vous dis que le *communisme* n'est qu'une *folle utopie* dont les partisans, qui, en plus grand nombre, sont des ouvriers, ne connaissent ni la *portée*, ni l'*immoralité*, ni les *conséquences*.

LE COMMUNISTE.

Comment! vous traitez d'*utopie folle* une doctrine que vous avez jugée digne d'*une discussion sérieuse*, d'*une controverse publique*? C'est à ne pas y croire. On ne discute pas la folie, on la plaint.

LE BOURGEOIS.

Oui, à l'aide de cette doctrine on *abuse* les quelques ouvriers qui l'ont adoptée, et je déplore qu'on *trompe* ainsi cette classe intéressante de la société en lui mettant en tête des IMPOSSIBILITÉS et des MONSTRUOSITÉS. Non, les ouvriers, je persiste à le dire, ne *comprennent pas la* PORTÉE *de la doctrine,* car *ils ne voient pas qu'on leur demande l'*ABNÉGATION DE LEUR LIBERTÉ ET LE TRAVAIL FORCÉ; *ils n'en connaissent pas l'*IMMORALITÉ, car *ils ne se rendent pas compte que* SUPPRIMER L'HÉRÉDITÉ, *c'est* DÉTRUIRE LA FAMILLE. Enfin, ils n'en *connaissent pas les* CONSÉ-QUENCES; car, ainsi que l'a dit M. de La-martine : « le communisme n'a enfanté « jusqu'ici que la stérilité du sol, la ces- « sation de tout travail, la dispersion de « la famille et la dépopulation des empi- « res. »

LE COMMUNISTE.

Bien! Voilà des ACCUSATIONS GRAVES, monsieur le Bourgeois, et certes si vous vous étiez donné la peine *de les justifier,* vous auriez porté, je l'avoue, un rude coup au communisme. Mais réfléchissez-

y ; loin de nous plaindre DE VOS DÉCLA-
MATIONS, nous les bénirons si elles inspi-
rent à quelque lecteur honnête le désir
d'étudier la doctrine. Qu'il sera surpris,
ce bon lecteur, de n'y trouver ni les IM-
POSSIBILITÉS ni les MONSTRUOSITÉS que
vous signalez !

Ceci posé, nous allons discuter.

Les ouvriers, dites-vous, ne *connaissent pas la portée de la doctrine* ; les ouvriers savent parfaitement *toute l'étendue
de leurs maux.* Ils comprennent à mer-
veille qu'ils sont *esclaves du capital,* et
que, grâce à *la concurrence*, à laquelle
on a su donner une si colossale ex-
tension, leurs misères ne peuvent que
s'accroître. Et comment s'étonner que
ces hommes se soient demandé s'il peut
être possible que *Dieu ait voulu que la
grande majorité de ses enfans croupît dans
l'indigence,* pendant que *le petit nombre
dissipe un insolent superflu dans des pro-
digalités de toutes les sortes,* et est-il per-
mis de ne pas concevoir qu'on ait accusé
un ordre social où peuvent se produire
de si ÉNORMES MONSTRUOSITÉS ? Si le communisme a été accepté, c'est parce qu'il
répond à la fois aux *besoins* de l'homme
et à ses *exigences* les plus légitimes.

Les ouvriers doivent déserter la doctrine,

par le motif qu'elle prescrit l'*abnégation de la liberté et le travail forcé.*

Ainsi, il suffit de laisser à l'homme le droit *de vivre dans l'oisiveté, d'user ses facultés dans de folles dissipations,* pour que sa *liberté* soit reconnue et ne soit pas atteinte. Toutes ces lois iniques qui *pèsent* si rudement sur les travailleurs, qui les *oppriment,* ne sont établies que pour le maintien du *meilleur ordre social possible,* et ne sont point *négatives* de la liberté. Mais prenez-y garde; si, selon vous, la société a pu entourer l'homme de tant d'entraves, le pauvre surtout, comment pouvez-vous lui contester le droit d'*exiger de chacun de ses membres* UN TRAVAIL MODÉRÉ, alors que ce travail aura pour effet d'assurer *à tous* l'ABONDANCE AVEC LE BONHEUR.

Je comprends que, devant cette obligation, beaucoup reculent épouvantés; car, de nos jours, il faut l'avouer, LE TRAVAIL, en général, EST INGRAT, et chacun cherche à s'y soustraire. Je ne suis donc point surpris que celui qui est parvenu à atteindre ce but ne regarde comme UN ATTENTAT A LA LIBERTÉ, qu'on proclame en vue d'*un nouvel ordre social,* la NÉCESSITÉ DU TRAVAIL *pour tous.*

Mais ce que vous regardez comme UNE

MONSTRUOSITÉ cessera d'en être une le jour où, par un retour à l'observation de la loi divine, le travail, organisé dans l'intérêt de l'association humaine, s'exercera au profit de cette association. *La liberté consistera dans le choix de la fonction* pour laquelle l'homme se sentira du penchant, et chaque *fonction sera également honorée, également rétribuée.* Qu'on demeure bien convaincu que dans ces conditions, le TRAVAIL, rendu *attrayant,* multipliera à l'infini la richesse sociale, et sera certainement recherché.

Moraliste, vous ne proscrivez la doctrine que parce que vous ignorez les destinées véritables de l'homme, le lien de SOLIDARITÉ qui l'unit à ses semblables, et que vous voulez soigneusement conserver cette INÉGALITÉ qui blesse les desseins de Dieu lui-même. Et quand nous vous entendons faire des réserves en faveur *de la liberté* de l'homme, fatalement voué, par le fait de votre organisation sociale, à un travail incessant et souvent improductif, de l'homme *esclave,* parce qu'il ne jouit d'*aucun droit politique,* nous ne pouvons nous défendre d'un sentiment pénible! En effet, n'est-ce pas vous qui êtes le soutien d'un *système* qui remet entre les mains de quelques-uns l'é-

NORME PRÉROGATIVE de faire les lois et de voter les charges qui pèsent sur tous? Cessez de dire que nous allons à l'ANÉANTISSEMENT *de la liberté;* car nous demandons POUR TOUS la participation au gouvernement de la communauté, et nous entendons bien leur fournir les moyens d'y intervenir efficacement. N'est-ce pas là *la reconnaissance* la plus manifeste de la liberté?

Toujours cette pensée revient au bout de votre plume : L'OUVRIER EST INCAPABLE !

Mais si l'ouvrier est incapable, à qui la faute? N'est-ce pas à la société, qui ne prend de son enfance nul souci, de cette société qui le condamne, dès ses plus jeunes ans, à un travail qui souvent l'exténue et paralyse son intelligence? Qu'avez-vous fait, que voulez-vous faire *pour ces travailleurs, l'objet de votre sollicitude?* Quelles grandes institutions entendez-vous créer pour eux? Exposez votre plan d'organisation. Non, toutes ces choses ne vous préoccupent pas : vous voulez de la *popularité*, et, pour la conquérir, vous avez à votre service quelques phrases redondantes dont, à la vérité, on fait bonne justice aujourd'hui.

Ah! quand vous en viendrez à professer que *la société doit à tous ses membres l'instruction*; que cette instruction, *essentiellement gratuite, doit,* grâce à de sages combinaisons, *être également donnée à tous,* vous aurez annoncé une vérité qui, croyez-le bien, vous fera plus de partisans que *l'accusation d'ignorance* que vous ne cessez de lancer à la face des ouvriers; et, demeurez-en convaincu, ce n'est pas pour vous faire *un mauvais parti avec cette classe intéressante* que nous relevons vos paroles : c'est charitablement pour vous faire remarquer que votre reproche, s'il était fondé, serait la *honte,* la *flétrissure* de votre ordre social.

Mais rassurez-vous, l'ouvrier, à défaut de l'instruction académique qu'il n'a pu acquérir, a parfaitement su reconnaître *la voie de la vérité et du salut,* et je le crois décidé à y entrer résolument.

Tant que la société ne sera pas chargée, et c'est là sa grande mission, *de pourvoir à la nourriture, au logement, à l'instruction,* etc., etc., *de ses membres,* il me paraîtra convenable que chacun *bénéficie* du produit de son *activité,* de son *industrie,* et le *transmette* à ses enfans. Mais si, pour un moment, vous voulez bien admettre l'hypothèse où la société, devenue la providence universelle, *recueille le produit de toutes les activités, de toutes les industries combinées*, et en fait une *répartition équitable*, alors, je vous le demande, de quelle utilité sera VOTRE HÉRÉDITÉ? La famille, loin d'être *dissoute*, reposera sur un fondement bien plus solide, puisqu'elle sera à l'abri des *mauvaises chances* qui souvent entraînent sa dissolution. Et s'il fallait démontrer que l'héritage n'est pas la *condition essentielle* du maintien de la famille, je vous dirais que le pauvre, qui n'*a rien à laisser* à ses enfans, voit néanmoins sa famille se perpétuer. Le reproche d'*immoralité* adressé, sur ce point, à la doctrine tombe devant cette simple argumentation.

Non, le communisme ne *stérilisera pas le sol*, car le TRAVAIL SOCIAL amènera une *prospérité*, des *jouissances* auxquelles tous auront une juste part. Partant, l'ÉMULATION sera surexcitée, et de cette émulation naîtra une SURABONDANCE de produits dont l'esprit le plus enthousiaste ne saurait présager l'étendue. Avec l'*abondance* et le *bonheur*, vous ne verrez *ni la cessation du travail, ni la dispersion de la famille, ni la dépopulation des empires,* PRÉDICTION poétique de M. de Lamartine, que démentiront victorieusement les faits, et dont, avec un peu de raison, on peut découvrir le peu de solidité.

LE BOURGEOIS.

Votre communisme est impossible ; mais serait-il possible, qu'*il faudrait se garantir d'un cadeau funeste autant pour les riches que pour les pauvres.*

LE COMMUNISTE.

BIEN DES CHOSES AVAIENT ÉTÉ DÉCLARÉES IMPOSSIBLES, QUI SE SONT RÉALISÉES AVEC LE TEMPS; et nous persistons à soutenir que quand une nation, *grande* ou *petite*, le voudra, elle pourra *se constituer en communauté.* En vérité, nous ne comprenons pas ce que perdraient les riches à vivre dans un ordre social où *tous les besoins de l'homme seraient plus qu'amplement satisfaits!* Et *quant aux pauvres*, ils n'auraient qu'à gagner *à une organisation qui, en les arrachant à leur fatale position, les ferait concourir à des jouissances* jusqu'ici *réservées* au petit nombre. Pour les uns comme pour les autres, le communisme n'est donc pas *un cadeau funeste*, comme vous le prétendez.

LE BOURGEOIS.

Votre propriété collective est non-seulement un *appât jeté à la paresse*, mais une *utopie absurde.*

LE COMMUNISTE.

Je vous ferai remarquer que les ouvriers communistes sont les plus *probes*, les plus *moraux*, les plus *intelligens* et les plus *laborieux*. Ce fait a été reconnu même par la presse hostile. Et comment LA PROPRIÉTÉ COLLECTIVE serait-elle un *appât jeté à la paresse*, puisque, admise cette base du communisne, LE TRAVAIL OBLIGATOIRE en est la récompense? Il eût été plus convenable, ce me semble, quelque grande que soit, du reste, votre autorité, de *prouver*, et surtout de DÉMONTRER que *Dieu, père commun des hommes,* a *prescrit* que LA TERRE, *qu'il créait évidemment* POUR TOUS, *deviendrait un jour* L'APANAGE *de quelques-uns.* Vous avez jugé à propos d'éviter de vous placer sur ce terrain, et vous avez bien fait; il est trop glissant pour qu'on puisse s'y tenir debout.

Je note que vous n'avez en rien *contesté* ce que nous avons dit de la PROPRIÉTÉ INDIVIDUELLE.

LE BOURGEOIS.

Soyez-en sûr, *jamais* LES RICHES *ne consentiront à faire l'abandon de ce qu'ils ont;* et vous dites que vous *proscrivez la violence?* Comprenez donc qu'*entre des gens qui ne veulent pas donner et des gens qui ne veulent pas* PRENDRE FORCÉMENT, *il y a tout simplement une double* IMPOSSIBILITÉ. Votre PROPRIÉTÉ COLLECTIVE *n'est donc qu'un* RÊVE !

LE COMMUNISTE.

Si j'avais pu me faire illusion un instant, vous l'auriez dissipée bien vite. — LE RICHE EST ÉGOÏSTE, c'est avéré d'après vous; et cet égoïsme, dont les fâcheux effets se déroulent devant nous, est bien le RÉSULTAT *de la propriété individuelle et transmissible.*

Ceci a été avancé, et, je le répète, vous ne l'avez pas contredit. Non, nous ne VOULONS PAS DE VIOLENCE, mais nous avons FOI dans l'avenir de l'humanité; SES DESTINÉES S'ACCOMPLIRONT, parce que la vérité, en éclairant les intelligences, triomphera de tous les obstacles. Un jour viendra où, mieux inspirés, les riches comprendront qu'il est de leur intérêt de renoncer à une résistance homicide, et nous sommes convaincus que, comme MOYEN DE SALUT, ils finiront par *accepter,* sinon LA COMMUNAUTÉ IMMÉDIATE, *du moins*

LE RÉGIME TRANSITOIRE que nous proposons, *et qui doit conduire* A LA COMMUNAUTÉ *sans secousse, sans violence, sans spoliation.*

Alors tomberont ces IMPOSSIBILITÉS dont l'existence vous porte à *considérer comme un* RÊVE *la propriété collective.* Détruite une fois, la PROPRIÉTÉ COLLECTIVE sera UNE RÉALITÉ. Encore sur ce point, votre argumentation est renversée.

LE BOURGEOIS.

Mais CE RÊVE, *il paraît que les communistes songent à le réaliser* SOUS LE COMMANDEMENT DICTATORIAL ET DÉCENNAL DE M. CABET.

LE COMMUNISTE.

Ici vous passez *de la doctrine à l'application* projetée, et je dois vous rendre cette justice, que vous ne négligez rien pour jeter du discrédit sur l'entreprise. Vous parlez d'UN COMMANDEMENT DICTATORIAL ET DÉCENNAL *imposé par un renard de bonne foi* PEUT-ÊTRE, *et subi par des dupes que vous aurez l'attention de* CONSOLER *et* SECOURIR lorsque, *pauvres et manquant de tout, ils reviendront* DÉ-

SILLUSIONNÉS *et jurant qu'on ne les y prendrait plus !* Je ne relèverai pas tout ce qu'il y a d'INCONVENANT dans cet indigne persifflage; mais je vous dirai que si les communistes ONT ADHÉRÉ *à la gérance de M. Cabet,* c'est parce que M. CABET EST EN POSSESSION DE LEUR CONFIANCE LA PLUS ILLIMITÉE. Les communistes sont, en outre, bien convaincus que pour *l'établissement d'une vaste colonie,* une PUISSANTE mais SAGE INITIATIVE est indispensable, et ils croient avoir fait ACTE D'INTELLIGENCE en acceptant celle de M. Cabet, de M. Cabet dont ils APPRÉCIENT *le dévouement et la prudence.* Non, *les émigrans futurs* n'ignorent pas que, *livrés à leurs propres forces et se transportant sur une terre lointaine, en butte peut-être à de sourdes mais nombreuses* HOSTILITÉS, ils auront bien des DIFFICULTÉS à surmonter. Cette PERSPECTIVE ne saurait les arrêter. Leur BUT est grand et noble; ils en poursuivront LA RÉALISATION au prix de *toutes les souffrances, de tous les sacrifices.* Pour ce qui est des CONSOLATIONS et des SECOURS *que vous leur réservez,* je vous exhorte à en faire profiter au plus tôt TANT D'HOMMES qui se trouvent dans la *condition* que vous PROPHÉTISEZ *pour les émigrans.* Vous obéirez à un besoin de votre cœur sympathique, et nous vous approuverons; et si, *désillusionné* vous-même par la STÉRILITÉ des luttes purement politiques, vous daignez jeter un jour un regard vers ce coin du globe où vivra LIBRE, GRANDE ET HEUREUSE, *une société nouvelle*, vous éprouverez peut-être le désir de la visiter. VOUS Y VIENDREZ, et vous trouverez là DES FRÈRES qui vous feront le meilleur accueil; car ils n'auront gardé souvenir ni de vos RAILLERIES ni de vos INJUSTICES.

LE BOURGEOIS.

Je vous le confesse, je ne *vois qu'avec regret qu'on détourne les ouvriers de leurs occupations, et qu'au lieu de chercher à améliorer leur sort, on les berce d'idées qui ne se réaliseront jamais.*

LE COMMUNISTE.

Je vous objecterai que présentement les communistes SONT pour *toute institution généreuse*, n'eût-elle pour effet que de PORTER UNE LÉGÈRE ATTÉNUATION aux misères de leurs frères; et, comme je l'ai expliqué plus haut, les communistes sont *laborieux;* donc L'IDÉE, loin de les

éloigner du travail, ne fait que les *confir-
mer* dans son indispensabilité. A la vérité, cette idée les *console*, les *soutient*.
Pourquoi leur ravir cette touchante dis-
traction?

LE BOURGEOIS.

*Nous voulons apprendre aux ouvriers à
travailler pour eux, pour leurs femmes;
à sentir les avantages de la caisse d'épargne et des sociétés de secours mutuels, et
nous croyons faire plus pour eux que de
leur faire perdre, ne fusse qu'un quart
d'heure, à* RÊVER SUR LE BONHEUR *que le
communisme promet* à leurs PLUS ARRIÈRE-
PETITS-NEVEUX *et à la folle caravane qui
s'embarque pour l'Amérique.*

LE COMMUNISTE.

Il me semble que vous reproduisez
bien exactement, mais sous une forme
un peu moins crue, la fameuse maxime :
CHACUN POUR SOI. A la vérité, vous van-
tez les CAISSES D'ÉPARGNE et les SOCIÉTÉS
DE SECOURS MUTUELS. Comme vous, nous
en apprécions les bienfaits. Mais, de grâce,
dites-moi si le MÉRITE de ces institutions
ne revient pas de droit AUX SOCIALISTES?

Et si ces institutions, *avec les bases étroites* sur lesquelles elles reposent, ont pu *produire quelque bien*, QUELLES MERVEILLES ne devons-nous pas attendre d'une *association* QUI EMBRASSERA TOUT, *hommes et choses!* Remarquez que votre conclusion est le plus ÉCLATANT HOMMAGE qu'on puisse rendre à notre doctrine. Vous voulez, dites-vous, faire triompher la devise de nos pères : LIBERTÉ, ÉGALITÉ, FRATERNITÉ! Nous vous serons reconnaissans de vos efforts; mais soyez assuré que vous n'y parviendrez que par le COMMUNISME, et comme je veux admettre que vous cherchez de bonne foi la vérité, j'ose vous prédire que vous serez COMMUNISTE un jour, vous, et bien d'autres aussi!...

LE BOURGEOIS.

Bah!...

LE COMMUNISTE.

Oui! *pour tout esprit dégagé de préventions,* LA LUMIÈRE SE FERA!...

PREUVES.

N'oubliez pas que LES FRUITS SONT A TOUS ET QUE LA TERRE N'EST A PERSONNE.
(J.-J. ROUSSEAU.)

Le DÉMON de la propriété *infecte* ce qu'il touche. (*Le même.*)

Travailler est un devoir indispensable à l'homme social : tout citoyen *oisif est un fripon.* (*Le même.*)

Le SOUVERAIN (le peuple en corps) n'a nul droit de *toucher* au bien d'un *particulier* ni de *plusieurs*, mais il peut légitimement s'EMPARER *du bien de tous.*
(*Le même.*)

Il y A TROP DE MAUX en ce monde, et des MAUX TROP GRANDS. *Ce n'est pas ce que Dieu a voulu.* (LAMENNAIS.)

Celui qui se sépare des siens pour gravir sans aide entre des rochers, ne doit pas se plaindre que le voyage soit rude.
(*Le même.*)

Il y *a place* pour TOUS *sur la terre,* et Dieu l'a rendue assez féconde pour *fournir* abondamment *aux besoins de tous.* Si *plusieurs* manquent du nécessaire, c'est que l'homme a troublé *l'ordre établi de Dieu.* (*Le même.*)

Point de ʀɪᴠᴀʟɪᴛés possibles quand on n'a qu'un même intérêt. Ce qui enfante *les dissensions, la haine, l'envie,* c'est le ᴅésɪʀ ɪɴsᴀᴛɪᴀʙʟᴇ *de posséder plus et toujours plus,* ʟᴏʀsϙᴜᴇ ʟ'ᴏɴ ᴘᴏssèᴅᴇ ᴘᴏᴜʀ sᴏɪ sᴇᴜʟ. *La Providence* ᴍᴀᴜᴅɪᴛ ᴄᴇs ᴘᴏssᴇssɪᴏɴs sᴏʟɪᴛᴀɪʀᴇs. *On ne jouit que des biens partagés.* (*Le même.*)

L'éɢᴏïsᴍᴇ a armé les *frères* contre les *frères;* chacun a cherché son bien aux dépens d'autrui; *on s'est disputé avec fureur les lambeaux sanglans de* ʟ'ʜéʀɪᴛᴀɢᴇ ᴄᴏᴍᴍᴜɴ. (*Le même.*)

La misère ne *vient* pas de la ɴᴀᴛᴜʀᴇ, mais bien des ʜᴏᴍᴍᴇs. (*Le même.*)

Le mal est dans l'ɪɴᴊᴜsᴛɪᴄᴇ et non en ce que *celui-ci* plutôt que *celui-là* profite de l'ɪɴᴊᴜsᴛɪᴄᴇ. (*Le même.*)

Lorsque les hommes se traiteront mutuellement *en frères,* les maux sous lesquels *gémit* la race humaine disparaîtront graduellement. (*Le même.*)

Vous ne pouvez travailler avec fruit pour vous qu'*en travaillant pour vos frères* avec un amour que rien ne lasse.
(*Le même.*)

La nature nous avertit de l'indispensable besoin que *tous ont les uns des autres.*
(*Le même.*)

La SOCIÉTÉ n'est dans son essence et ne doit être de fait que l'*union des forces* pour atteindre plus sûrement le BUT de l'existence, que l'ORGANISATION DE LA FRATERNITÉ.
(*Le même.*)

Cet ordre merveilleux, ces belles et touchantes harmonies qui nous ravissent dans la nature, d'où viennent-elles? De ce que *tout y est à sa place et s'y maintient invariablement.*
(*Le même.*)

Le BUT de l'association est un *accroissement* de bien-être pour l'*organisation du travail commun.*
(*Le même.*)

La *liberté* de l'HOMME SOCIAL doit consister dans *le choix du travail qui lui convient.*
(G. SAND.)

L'homme est *né pour travailler* toujours, mais conformément *à ses aptitudes.*
(*Le même.*)

Dans une *société parfaite*, le paresseux pourrait être *abandonné*, parce qu'il deviendrait une *monstrueuse exception.*
(*Le même.*)

Sous la loi de *l'égoïsme*, chacun donne *sa force et sa volonté* en proportion de ce qu'il *doit en retirer de profit.* (*Le même.*)

Non, ce n'est pas LA LOI DE LA NATURE, ce n'est que LA LOI *d'un ordre social très imparfait* qui ENTASSE sur *une poignée d'individus* une si énorme SURABONDANCE, et leur prodigue aveuglément les moyens de se livrer à toutes les sottes dépenses, à toutes les jouissances du luxe de la perversité, tandis que LE CORPS *du genre humain* est condamné à LANGUIR *dans le besoin ou à* MOURIR *d'inanition.*

(*Le même.*)

Parmi tous ceux qui TOMBENT fatalement dans des abîmes sans fond de *perversité, d'infamie,* il en est *bien peu, bien peu,* qui n'eussent été *honnêtes* et *bons,* si leur vie n'avait commencé dans *l'abandon, dans la misère ou dans un milieu corrompu et corrupteur.* (EUG. SUE.)

IL Y A TOUTE UNE SAINTE RÉVOLUTION SOCIALE DANS LA LOI D'EXPROPRIATION POUR CAUSE D'UTILITÉ PUBLIQUE.

(*Le même.*)

IL N'Y A JAMAIS D'HUMILIATION A ACCOMPLIR UNE TACHE UTILE ET PROFITABLE A TOUS. (*Le même.*)

L'ignorance comme la *misère* est *source de tout mal.* (*Le même.*)

Ne viendra-t-il jamais le *jour* de la RÉPARTITION LÉGITIME ET DU BONHEUR DE TOUS? (*Le même.*)

En sera-t-il toujours ainsi? A CEUX-CI *tant de biens superflus*, que l'ennui et là satiété les jettent dans les plus *hideuses dépravations;* à CEUX-LA *tant de privations, tant de misères*, que dans leur désespoir ils n'aient souvent le choix qu'entre l'*infamie* ou la *mort.* (*Le même.*)

Dans les temps où nous vivons, l'*amour* est un *songe* et le *mariage* une *affaire.* (G. SAND.)

LE GÉNIE D'UN SEUL N'EST PRESQUE RIEN. (*Le même.*)

LA VÉRITÉ ÉTERNELLE AURA SON JOUR. (*Le même.*)

Ce jour sera celui où les hommes, *libres, égaux, unis*, c'est-à-dire *justes et sages*, ne formeront *qu'une famille prosternée* pour prier et bénir l'auteur de la nature. (*Le même.*)

La société est constituée de telle sorte, qu'il n'existe ni SOLIDARITÉ ni FRATERNITÉ entre les hommes, et que si *laborieux*, si *honnête* que soit un homme, il n'a à attendre aucun secours de cette société marâtre, dans le cas où la maladie ou des événemens imprévus le frappent dans son travail. (Eug. Sue.)

On obéit avec contentement lorsque TOUT APPARTIENT A CHACUN, et que le TRAVAIL DE CHACUN, PETITS OU GRANDS, PROFITE A TOUS. (*Le même.*)

LA PUISSANCE DES GRANDES VÉRITÉS EST IRRÉSISTIBLE. (*Le même.*)

Autant l'*égoïsme* est stérile... autant la *fraternité* est féconde. (*Le même.*)

L'homme ANTIQUE, avec ses dieux particuliers et sa race isolée des autres, se sentait comme UN FLOT dans le courant d'un fleuve; l'homme MODERNE, avec son Dieu unique et son genre humain solidaire, se sent *partie d'un océan*.
(Pierre Leroux.)

L'homme se sentant *partie* D'UN GRAND TOUT, se met en rapport avec tout, se conçoit *lié* à tout, et arrive finalement à comprendre QU'IL A DROIT A TOUT.
(*Le même.*)

C'est en sa seule qualité d'*homme* que l'homme A DROIT A TOUT, et ce droit, il ne peut s'empêcher de le reconnaître à ceux qui possèdent la qualité d'homme, l'homme en général : donc tous LES HOMMES ONT DROIT, de là, une certaine notion incontestable, primordiale, absolue, *du* DROIT DE TOUS A TOUT.

(Le même.)

La nature ne fait NI PRINCES, NI RICHES, NI GRANDS SEIGNEURS.   (J.-J ROUSSEAU.)

TOUT EST BIEN SORTANT DES MAINS DE L'AUTEUR DES CHOSES.   *(Le même.)*

Quand l'homme est dégagé de l'égoïsme, il ne lui reste que l'amour de la communauté. L'INÉGALITÉ *des aptitudes* ne saurait légitimement ABOUTIR *qu'à* L'INÉGALITÉ *des devoirs.*   (L. BLANC.)

LA HIÉRARCHIE PAR CAPACITÉS est nécessaire ; LA RÉTRIBUTION PAR CAPACITÉS est plus que *funeste,* elle est INIQUE.

(Le même.)

Dans une société *régulièrement* établie, les *besoins* physiques et les besoins moraux trouveraient à se satisfaire et à se développer collectivement. Quant aux *besoins* purement factices que crée une civilisation vicieuse et d'où peuvent naître *des exigences extravagantes,* ils ne constitueraient dans une *société régulière* que

des *maladies individuelles* que la société
se devrait à elle-même, non pas d'ali-
menter, mais de guérir.   (*Le même.*)

L'antiquité reposait sur une triple er-
reur :

1° *La multiplicité des dieux;*
2° *L'esclavage;*
3° *La vilité des femmes et des enfans.*

BASES DE LA COMMUNAUTÉ

POSÉES PAR MORELLY.

Maintenir l'unité indivisible du fonds et de la demeure commune.

Établir l'usage commun des instrumens de travail et des productions.

Rendre l'éducation également *accessible à tous.*

Distribuer les TRAVAUX selon les *forces*, les PRODUITS selon les *besoins.*

Conserver autour de la cité un *terrain suffisant* pour nourrir les familles qui l'habitent.

Réunir MILLE PERSONNES au moins, afin que chacun travaillant selon *ses forces et ses facultés et consommant selon ses besoins et ses goûts*, il s'établisse, sur un nombre suffisant d'individus, une *moyenne* de consommation qui ne dépasse pas les ressources communes, et une résultante de travail qui les rende toujours assez abondantes.

Ne pas admettre les *récompenses pécuniaires,*

1° Parce que le capital est un instrument de travail qui doit rester entièrement disponible entre les mains de l'administration ;

2º Parce que toute rétribution en argent est inutile, dans le cas où le travail, *librement choisi*, rendrait la *variété* et *l'abondance* des produits plus étendues que nos besoins ; nuisible, dans le cas où la vocation et le goût ne feraient pas remplir toutes les fonctions utiles ; car ce serait donner aux individus un moyen de *ne pas payer la dette du travail et de s'exempter des devoirs de la société sans renoncer aux droits qu'elle assure.*

ANALYSE PAR VILLEGARDE.

RÉSULTATS INDIQUÉS PAR MORELLY.

1º Il y a une réciprocité de secours qui n'est jamais interrompue ;

2º ....

3º Personne n'est *surchargé* d'ouvrage, et tous les citoyens sont encouragés ;

4º Les provisions de toute espèce s'ac-

cumulent, et il ne faut, par la suite, qu'un *travail modéré* pour entretenir celles qui ne sont pas d'un continuel usage ;

5° Quoique *tout soit commun*, rien ne se *prodigue*, parce que personne n'a intérêt de prendre plus que le nécessaire, quand il est assuré de le trouver toujours ; car que ferait-il du superflu où rien n'est vénal ?

6° Les provinces d'un même état s'entrecommuniquent ce qu'elles ont de surabondant, non par *échange*, ni par *prêt*, ni pour *vente*, mais par des *dons simples et mutuels* ;

7° La nation peut sans *difficulté* commercer avec des étrangers chez qui la police serait toute différente, par un certain nombre de ses citoyens auxquels elle *fournit* les fonds de son commerce et qui *rapportent* les marchandises à la communauté. Rien ne pourrait *exciter* de tels commissaires *à devenir infidèles*, parce qu'il n'existerait dans cette république *aucun des motifs qui causent* ordinairement l'*infidélité*.

Les plus beaux projets qui, chez nous, *loués* et *approuvés* de tout le monde, manquent cependant d'exécution, et par l'impuissance de celui qui les enfante, et parce que chacun s'en tient à une stérile

admiration, trouveraient dans une pareille société *le secours de cent mille bras.*

Après cette citation, Villegarde ajoute :

Une telle institution coupe racine *à une infinité de vices, de querelles et de procès,* car jamais cette furie qui, sous le nom *d'équité,* dépèce par lambeaux les *élémens mêmes pour donner à chacun le sien,* n'excite d'inimitiés et de jalousies.

Les hommes sont trop *égoïstes,* dit-on, pour *vivre en frères;* non, ils *ne sont pas assez intelligens.*   (VILLEGARDE.)

Chacun voudra s'exempter du travail. A cette objection, le même auteur répond : « *Dans aucune société, l'homme n'a été* « *traité par l'homme avec assez de justice* « *pour savoir ce qu'on peut attendre des* « *généreux élans de notre nature fortifiés* « *par le sentiment du devoir.* »